مَنِ القَاتِلُ ؟

مَنِ القَاتِلُ ؟

الدكتور سُلطان بن محمد القاسمي

منشورات
القاسمي
AL QASIMI
PUBLICATIONS

العنوان : من القاتل؟

المؤلف : الدكتور سلطان بن محمد القاسمي (الإمارات)

الناشر: منشورات القاسمي، الشارقة ، الإمارات العربية المتحدة

سنة الطبع: ١٤٤٦هـ- ٢٠٢٤م

*

الترقيم الدولي : 978-9948-733-80-5

*

إذن طباعة رقم: MC-03-01-3258249 ، بتاريخ 2024/10/14م، مجلس الإمارات للإعلام ، الإمارات العربية المتحدة

الطباعة : AL Bony Printing Press- Sharjah, UAE

الفئة العمرية : E

*

التوزيع: منشورات القاسمي

ص.ب: 64009 الشارقة، الإمارات العربية المتحدة

هاتف: 0097165090000، براق: 0097165520070،

البريد الإلكتروني: info@aqp.ae

بين عــام ١٨٠٣م ، وعــام ١٨٠٤م ، قتــل اثنان من زعماء الخليج العربي :

١- مقتل الإمام عبد العزيز بن محمد آل سعود ، بتاريخ شهر أكتوبر عام ١٨٠٣م .

٢- مقتل الإمام سلطان بن أحمد ، إمام عُمان ، بتاريخ شهر نوفمبر عام ١٨٠٤م .

لم يتبيّن للمؤرخين من القاتل ؟ .

فيما يلي نبيّن اسمَيْ من قاما بالقتل .

(١)

مقتل الإمام عبد العزيز بن محمد آل سعود

في سـنة ١٢١٨هــ ، الموافق عام ١٨٠٣م .
قتل الإمام عبد العزيز بن محمد آل سعود ، وقد
كتــب عثمان بن عبد الله بن بشــر النجدي في
كتابه عنوان المجد في تاريخ نجد ما يلي :

« قيل هذا الدرويش الذي قتل عبد العزيز من
أهــل بلد الحسين ، رافضــي خبيث . خرج من
وطنه لهذا القصد بعدما قتلهم سعود فيها ، وأخذ

أموالهــم كما تقدم . فخرج ليأخــذ الثأر ، وكان قصده قتل سعود ، فلم يقدر عليه فقتل عبد العزيز ، فهذا ، والله أعلم، أحرى بالصواب » .

تبع المؤرخون عثمان بن بشر فيما قال .

في سنة ١٢١٤هـ ، الموافق عام ١٧٩٩م حدث خلاف ونزاع بين عشــيرة الخزاعل التي جاءت إلى النجف وبين جماعة الأمير ســعود بن عبد العزيز (شــيعة الأحســاء) الذين جاءوا إلى هناك بقصـد الزيارة والتجارة ، وأدى الاشـتباك الذي وقع بين الطرفين إلى قتل الخزاعل لثلاثمائة من الوهابيين ، بلغ الخبر إلى والي بغداد ، سليمان باشــا ، فكان ســبباً في انزعاجه لاحتمال قيام الوهابيين بأخذ الثأر ، بالإضافة إلى أن فرقة آل ســليمان ، وهي من الخزاعل ، قاموا، خلافاً للقوانين، بأعمال النهب والســلب .

في سنة ١٢١٥هـ ، الموافق عام ١٨٠٠م أرسل سليمان باشا ، الكتخدا علي باشا لتأديبهم ، فقام علي باشا بتفريق جمعهم وأخذ أموالهم وإخضاعهم .

إن الحادثة لم تقع في كربلاء ، وإنما في النجف ، والذين قتلوا كانوا من أتباع آل سعود .

إليكم الحقيقة في الرسالة التي كتبها مراد علي باشا ، نائب باشا بغداد ، وبعث بها إلى السلطان العثماني .

بعد قراءة السلطان العثماني للرسالة علق عليها في مقدمة الرسالة قائلاً :

« اطلعت عليه ، نسأل الله أن يقهر كافة المخالفين (بخط السلطان) » .

فيما يلي رسالة مراد علي باشا ، نائب باشا بغداد إلى السلطان العثماني :

« صاحب الدولــة والعناية والمروءة والمرحمة والعطوفة ، ولــي النعم ، كثير الجود والكرم ، سيدي السلطان .

بعد الدعاء لحضرة مولانا ، وتنفيذاً لمأموريتنا في إجراء الاســتعداد للتنكيل بالوهابي ، سبق وأن عرضت على مقامكم العالي أنه إذا أمكن أن أغادر بغداد والسفر بنفسي فنعم المطلوب ، ولن أتوقف ، ولكن إذا تعذر تجهيز العساكر المدربة ولوازم الحرب والســفر بنفسي ، فلن نكف يدنا انطلاقاً من قاعدة : ما لا يدرك كله لا يترك جله ، وسـنعمل على تجهيز ما يمكن تجهيزه وإعداده لقهر وتدمير المخذول .

وللصعوبـــات المذكـــورة ســابقاً تعذر الســفر

بنفسي ، وقمنا بإعداد وتجهيز رجال من عشائر العراق ومن المسلحين الفرسان ومن أتباعنا في الداخل ، مع الجمال وأردفناها بالخيول ، كما جمعنا العلف والمؤن اللازمة وحملناها للجمال ، وأرسلناهم نحو الجهة المقصودة يوم السابع عشر من شهر شعبان .

كما أعرب مؤمن متدين يعمل في دائرتي ، واسمه الحاج عثمان عن رغبته في قتل عبد العزيز بن محمد ، وابنه سعود ، بأي وسيلة من الوسائل ، وقد عرضنا عليه التكريم والمكافأة ، لكنه رفض وأصر على أنه سيقوم بذلك إرضاء لله تعالى ، وتمكن من قتل عبد العزيز في صلاة العصر حيث قتله بطعنة خنجر ، كما جرح أخاه عبد الله جرحاً بليغاً ، ثم استشهد ، وقد أرسلنا هذه البشارة التي وصلت من متسلم البصرة ، ومن عبد المحسن شقيق شيخ المنتفق .

ومع أن سعوداً هو قائد عسكر المبتدعين فإن عبد العزيز هو مُبْدِئ الابتداع والإضلال ، ومدبر الأمور والأحــوال ، ونأمل أن يكون مقتله بداية لزوالهم واضمحلالهم .

ســنة ١٢١٩هـ ، (الموافق عــام ١٨٠٤م) ، مراد علي » .

إذن القاتل هو عثمان الموظف في دائرة باشا بغداد . (١)

(٢)

مقتل الإمام سلطان بن أحمد
البوسعيدي إمام عُمان

في الرابع عشـر من شهر نوفمبر عام ١٨٠٤م ،
كان الإمام سـلطان بن أحمد عائداً من البصرة ،
بخيبة أمـل من عدم مساعدة العثمانيين له ،
فرغب المرور ببنـدر عباس ، حتى إذا ما وصل
إلى ميناء لنجة على السـاحل الفارسي ، اتخذ
طريق الخورية ، بالمرور بالقناة بين جزيرة قشـم
والبر الفارسي للوصول إلى بندر عباس .

١٣

بعد المـرور بمدينـة باسـعيدو على الجزء الجنوبي من جزيرة قشـم ، نزل الإمام سلطان ابـن أحمد مـع بعض من مرافقيه من سـفينته جنجافة ، واستقلوا قارباً صغيراً تابعاً للسفينة جنجافة ، ونزلوا إلى شـاطئ جزيرة قشـم ، فتمـت مهاجمتـه ومرافقيـه من قبـل جماعة مسـلحة ، فقُتِل الإمام سـلطان بن أحمد ومن كان معـه ، وتمَّ دفنه في مدينة لنجة .

إن أول من علم عن الحادثة هو "وليم بروس" "William Bruce" ، مديـر وكالة شـركة الهند الشـرقية في أبو شـهر ، وقد كتب رسائل إلى كل مرؤوسـيه عن الحادثة ، وعن القاتل ، لكن الإنجليز أخفوا الحقيقـة ، وأخذوا يرددون أن القاتل هو الشـيخ سـلطان بن صقر القاسـمي ، وقيل عنهم قراصنة ، حتى أيامنا هذه .

وبعون الله ، وتوفيقه ، استطعت أن أثبت من القاتل .

إن أول مـن كتـب عـن الحادثـة هـو "وليم بروس" ، مدير وكالة شركة الهند الشرقية في أبو شـهر ، فقد أرسل رسالة بتاريخ السابع عشـر من شهر ديسمبر عام ١٨٠٤م ، للسكرتير الأول لدى الحكومة في بومبي ، "جيه. لومسدن" "J. Lumsden" ، قائلاً :

" يشرفني إبلاغكم ببعض المعلومات نيابةً عن سعادة الحاكم العام – عظيم الشرف – ومفادها أن السيد سلطان ، الزعيم الحاكم لحكومة مسقط ، كان قد أبحر في وقت ما من الشـهر الماضي ، وأثنـاء إبحاره مر قاربُه إلى جوار بعض قوارب عرب هزاع ، ويبدو أنه كان ذاهباً إلى الشاطئ فـي بعض مناطق جزيرة قشـم على متن قارب

مكشـوف ، وتعـرض هو ومن معـه إلى هجـوم شـنَّه عليهم اثنان أو ثلاثـة من قوارب العرب المذكورين آنفاً ، ويبدو كذلك أن السـيد سلطان وبعـض مرافقيـه قد قُتلـوا مـع أول وابل من الرصاص أُطْلِق عليهم " .

في الثاني عشر من شـهر يناير عام ١٨٠٥م ، كتـب "وليم بروس" ، رسـالة أخـرى للرئيس والحاكـم فـي المجلـس ، لحكومـة بومبي "جوناثان دنكان" "Jonathan Duncan" ، قائلاً :

" سـيدي المبجل ، يـشـرفني إعلامكم بأن السـيد سلطان ، أمير مسـقط ، قد قُتل ، وهو ذاهـب إلى الشـاطئ في بعـض مناطق جزيرة قشـم ، وبتاريخ الرابع عشر من شهر نوفمبر أو قريباً من ذلك ، تعرض القارب الذي كان فيه ، إلى هجوم شـنّته عليه قوارب أخرى تعود إلى

عرب هزاع ، وسقط السلطان " .

من قتل الإمام سلطان بن أحمد ؟

قيل : عرب هزاع .

ومن هو هزاع ؟

هو هزاع بــن زايد بن محمد ، قتل ابن عمه ، وحســب ما جاء فــي دليل الخليـــج "للوريمر" "Lorimer" ، " ومكـث هزاع بن زايد بن محمد متخفياً ، حتى هاجر عام ١٧٩٥م " .

ذكر أن هزاع بن زايد ، هاجر إلى سواحل فارس ، واستقر على جزيرة قشم ، وما قام به عــرب هزاع مــن مقتل الإمام ســلطان بن أحمد لعدم علمهم به ، وقد ظنوا أنهم جماعة المقتـول ، أتوا للانتقام من هزاع بن زايد لقتله ابن عمه .

في شـهر ديسـمبر عام ١٨٠٤م ، وصل إلى جزيرة قشم السيد سعيد بن سلطان ، الابن الأصغر للإمام سلطان بن أحمد ، يقود أسطولاً مكوناً من أربع سـفن كبيرة ، وخمس عشـرة بغلة ، وهي حملة على من قتل والده ، فلم يجد أثراً لهم .

بعــد أن علم هزاع بن زايــد ، بقدوم قوات عُمان للانتقام ، قــام بنقل جماعته إلى دبي ، واتخذها مقراً له . بعد ذلك قرر السيد سعيد ابن الإمام سلطان بن أحمد أن يتعقب هزاع بن زايد وجماعته ، براً وبحراً في دبي .

ذكــر حميد بــن محمد بن رزيــق أن الإمام سلطان بن أحمد قد هجم على بني ياس ، أهل دبي ، وأميرهم هزاع ، والصحيح أنه سعيد ابن الإمام سلطان بن أحمد .

الوثيقة الأولى:

رسـالة "وليم بروس" ، مدير شركة الهند الشرقية في أبو شــهر ، إلى الســكرتير الأول لحكومة بومبي "جيه. لومسدن" .

إلى :

المحترم "جيه. لومسدن" "J. Lumsden"

السكرتير الأول لدى الحكومة

قلعة "وليم" "William"

بومبي

سيدي ،

يشـرفني إبلاغكم ببعـض المعلومـات نيابةً عن سـعادة الحاكم العـام – عظيم الشـرف– ومفادها أن السيد سلطان ، الزعيم الحاكم لحكومة مسقط ، كان قد أبحر في وقت ما من الشهر الماضي ، وأثناء إبحاره مــر قاربُه إلى جوار بعض قوارب عرب هزاع ، ويبدو أنــه كان ذاهباً إلى الشـاطئ في بعض مناطق جزيرة قشـم على متن قارب مكشـوف ، وتعرَّض هو ومن معه إلى هجوم شــنَّه عليهم اثنان أو ثلاثة من قوارب العرب المذكورين آنفاً ، ويبدو كذلك أن سـيد سلطان وبعـض مرافقيه قد قُتلوا مـع أول وابل من الرصاص أُطْلِق عليهم .

ويشرفني أن أكون ببالغ التقدير

أبو شهر	يا سيدي
السابع عشر من شهر	خادمكم المطيع والمتواضع جداً
ديسمبر عام ١٨٠٤م	التوقيع : «وليم بروس»

«William Bruce»

الوثيقة الثانية^(٧) :

رســالة "وليم بروس" ، مدير شركة الهند الشرقية في أبو شـــهر ، إلى الرئيـــس والحاكم في المجلس ، لحكومة بومبي "جوناثان دنكان" .

إلى :

المبجل "جوناثان دنكان" "Jonathan Duncan"

الرئيس والحاكم في المجلس

سيدي المبجل ،

يشرفني إعلامكم بأن السيد سلطان ، أمير مسقط ، قــد قُتل ، وهو ذاهب إلى الشـــاطئ في بعض مناطق

جزيرة قشـم ، وبتاريخ الرابع عشر من شهر نوفمبر أو قريبـاً من ذلك ، تعرض القارب الذي كان فيه ، إلى هجوم شـنّته عليه قوارب أخرى تعود إلى عرب هزاع ، وسقط السلطان ، ومعه بعض مرافقيه ضحايا على هذه الشواطئ .

ويشرفني أن أكون ببالغ التقدير

<table>
<tr><td>أبو شهر</td><td>يا سيدي</td></tr>
<tr><td>الثانـي عشـر من</td><td>خادمكم المطيـع والمتواضع</td></tr>
<tr><td>شـهر ينايـر عـام</td><td>جداً</td></tr>
<tr><td>١٨٠٥م</td><td>التوقيع : "وليم بروس"</td></tr>
<tr><td>من السـفينة "كوين"</td><td>«William Bruce"</td></tr>
</table>

<h1 style="text-align:center">الهوامش</h1>

١. عنـوان المجـد في تاريـخ نجد ، الشـيخ عثمان ابن عبد الله بن بشـر ، مطابع الناشـر العربي ، الريـاض ، المملكة العربية السـعودية ، الطبعة الرابعة ، ١٩٨٢م ، ص٢٦٦ ،

* تاريخ جودت ، جودت باشـا ، المجلد الرابع ، الصفحات ١٨٣٥–١٨٤٠ ،

* الأرشـيف العثمانـي ، التابـع لرئاسـة الوزراء التركية ، إسـطنبول ، أحـكام الباب العالي ، الحكم رقم : Hat/3381-G .

2. British Library (BL), Bushire Diary (R/15),
R/15/1/7, 30 December 1804,

* BL, R/15/1/7, p. 31, Fol. 2,

* BL, R/15/1/7, p. 36, Fol. 1,

* Gazetteer Persian Gulf, Oman, and Central
Arabia, J. G. Lorimer, Vol. 1, Historical, Part
III, Genealogical trees and maps, Pocket No. 3.

* BL, R/15/1/7, 30 December 1804,

* الفتـح المـبين في سـيرة السـادة البوسـعيديين ،
حميـد بـن رزيـق بـن بخيـت النخلـي العمانـي ،
الجـزء الثانـي ، ص٣٥١،

* BL, R/15/1/7, P. 31, Fol. 2, P. 32, Fol. 1,

* BL, R/15/1/7, P. 36, Fol. 1, P. 37, Fol. 1.

AF445890

9 789948 733805